I0571669

LIBERÁNDOTE
DE ...

Por Nadine Cepeda-Carr

Las citas de las Escrituras están tomadas de la Santa Biblia, New Living Translation, derechos de autor ©1996, 2004, 2015 de Tyndale House Foundation. Utilizado con permiso de Tyndale House Publishers, Carol Stream, Illinois 60188. Todos los derechos reservados. Derechos de autor © 2022 por Nadine Cepeda-Carr Reservados todos los derechos. Ninguna parte de este libro puede reproducirse ni utilizarse de ninguna manera sin el permiso por escrito del autor de este libro.

Diseño del libro: Larisma Dellareese Maduro
Editado por: Spirit of Excellence Writing & Editing Services, LLC

Traducción por Lizette Valarino d/b/a The Idea Factory
ISBN 979-8-9907832-0-1(rústica)
Primera edición de bolsillo octubre de 2022
Publicado por Shedding Light Ministries LLC

INFORMACIÓN DE CONTACTO
derramando1luz@gmail.com
www.sheddinglightministries.com

Por favor no dude en ponerse en contacto conmigo para compromisos de charlas para su iglesia,
talleres, conferencias, grupos pequeños y retiros..

Este libro está dedicado al Espíritu Santo que me llevó a escribir este libro. Por enseñarme espiritualmente y guiarme a través del proceso con gracia y misericordia.

Agradecimiento

Quiero agradecer a mi amado esposo Christopher Carr, mis padres Carmen Cruz, German Cepeda, Teresa Cepeda y mi hermana Melanie Cepeda por siempre llenarme, apoyarme y orar por mí. No sería la mujer de Dios que soy hoy sin ustedes. Quiero agradecer a mis maravillosas Hermanas en Cristo Raquel Morales Thompson, Lauralee Maduro, Brenda Vázquez-Rivera y Rose Jackson por creer siempre en las visiones que Dios me ha dado para mi ministerio, su apoyo, oraciones y palabras de aliento.

Tabla de Contenido

Introducción

¿Qué es la libertad?

1. ¿Qué significa para ti la palabra libertad?

2. ¿Cuándo fue la última vez que te sentiste libre?

3. ¿De qué quieres ser libre?

4. ¿Qué esperas obtener de este libro?

Lee Marcos 10:46-52 sobre la historia de un hombre llamado Bartimeo que nació ciego y fue sanado por Jesús.

Capítulo 1
Liberándote de
la falta de perdón

Veamos lo que dice la Biblia sobre el perdón en Mateo 6:14-15: "Si perdonas a los que pecan contra ti, tu Padre celestial te perdonará. Pero si rehúsas perdonar a los demás, tu Padre no perdonará tus pecados".

1. **¿A quién necesitas perdonar?**
2. **¿Necesitas perdonarte a ti mismo? Si tu respuesta es sí, ¿por qué necesitas perdonarte a ti mismo?**
3. **¿Qué sentimientos surgen al responder a estas preguntas?**

Lo primero que una persona piensa o dice cuando escucha "necesitas perdonar" es ¿por qué necesito perdonarla? ¡Necesitan disculparse conmigo! Lo que debes recordar es que no se trata de la otra persona, se trata de ti. Cuando te aferras a lo que te hicieron o te dijeron, el gran peso de la amargura y la ira permanece contigo.

En el momento en que perdonas, ese peso se te quita de encima y la libertad llega.

Aquí hay algunas preguntas que pueden estar pasando por tu mente en este momento:

1. ¿Cómo sé si realmente he perdonado a esa persona?

- Cuando ya no te duele, te enoja o te afecta como antes
- Cuando puedes hablar de ello libremente
- Cuando ahora sientes compasión por la persona que te lastimó
- Cuando puedes orar por esa persona y ser sincero al respecto

2. ¿Cómo sé que me he perdonado?

- Cuando ya no cargas con culpa, vergüenza o condenación - Romanos 8:1 dice: "Así que ahora ninguna condenación hay para los que pertenecen a Cristo Jesús"
- Te sentirás completamente libre y en paz

ORA: Padre, ayúdame a perdonar a quienes me han herido y a sacar a la superficie cualquier falta de perdón que pueda estar cargando y que haya estado escondida y latente en mí. Tu palabra dice que si no puedo perdonarlos, Tú no me perdonarás. Te pido que me traigas sanación por cada dolor y pena que pueda haber encontrado por parte de otros. Repara cada pedazo roto de mi corazón y ayúdame a identificarlos y a no aferrarme a ninguna amargura o enojo hacia ellos. Por favor ayúdame para poder soltarlo y ponerlo a tus pies en el nombre de Jesús, Amén.

Por favor, completa el capítulo uno de tu cuaderno de ejercicios antes de pasar al siguiente capítulo de este libro

Capítulo 2
Liberándote
del rechazo

Muchas personas en la vida han sido rechazadas por sus padres, cónyuge, amigo, pariente cercano, pareja, etc. Siempre hay una causa fundamental para su rechazo. Profundicemos un poco más: el rechazo nace de un trauma que experimentaste en tu juventud, en tu edad adulta o incluso desde el útero de tu madre.

Aquí hay algunos ejemplos donde se puede sembrar el rechazo:

- En el útero de una madre, simplemente cuando un padre dice que no quiere que un niño sea concebido y lo dice en voz alta a la atmósfera.

- Alguien que rompe contigo o te engaña en una relación.

- Haber sido puesto en adopción

- Despedido o no contratado en un trabajo

- Un padre/madre que se marcha de tu vida: sabemos muy bien que existe un alto porcentaje de personas que crecen sin un padre o una madre en sus vidas

Antes de responder a las siguientes preguntas, profundiza realmente internamente.

1. **¿Quién en tu vida te ha rechazado?**
2. **¿Qué resultados se han producido debido a tu rechazo?**
3. **¿Cómo te ha afectado?**

El diablo aprovechará esta oportunidad de sentirse no deseado y no amado para plantar la semilla del rechazo y causar estragos, dolor y trauma en la vida de una persona. Puede hacer que te sientas no amado, indigno, no valorado, no deseado, desesperado, etc. Ahí es cuando se produce el rechazo y las personas comienzan a manifestar los siguientes ejemplos de comportamiento:

Complaciente con la gente: siempre buscarás ser aceptado por los demás. La gente hará todo lo posible para ser el "hombre que dice sí" para que todos sean aceptados por ellos. Esto puede ser peligroso especialmente si la mano de Dios no está en ello. Muchas personas han sido quemadas por otra persona mientras intentaban complacerlas diciendo que sí antes de pedirle a Dios que las guiara primero. Cuando Dios nos pide que hagamos algo por los demás, será fructífero. Si lo haces por tu propia voluntad y te lastimas, se suma otro rechazo. Ora y pide a Dios discernimiento antes de decir sí. Deja que Dios te dé sabiduría y guía al hacer cosas por los demás para que no provenga de ti deseando la aceptación de los demás.

Buscando satisfacción: buscar el amor y la aceptación de los demás sólo para sentirse completo, querido y valorado. Puede llevarte a un lugar en el que saltes a diferentes relaciones cuando una determinada persona no te complace. Puedes convertirte en una persona emocionalmente dependiente y, si no recibes lo que deseas, fácilmente te ofendes, te lastimas o te enojas y eres fácilmente rechazado. Esperas que los demás te completen en lugar de permitir que Dios te complete.

Enojado: puedes enojarte fácilmente con las personas debido a decepciones pasadas; siempre pensarás que todos en tu vida te van a decepcionar. Empiezas a alejar a la gente de ti y no quieres que nadie te moleste. Te resulta difícil recibir y aceptar el amor de personas que realmente se preocupan porque crees que te rechazarán. Rechazarás a alguien primero porque estás convencido de que ellos te rechazarán. Pones un muro a tu alrededor y te permites aislarte de la gente. Eso es exactamente lo que quiere el diablo: mantenerte en un lugar de soledad.

Solitario y no amado: si el diablo puede, te tendrá en un lugar en el que siempre te sentirás solo. Esa mentira comenzará a crecer y te hará pensar que siempre estarás solo y que nadie te ama. Empiezas a comparar tu vida y tus relaciones con los demás. De aquí pueden surgir los pensamientos suicidas.

No merecedor: el diablo te susurrará al oído que no eres digno. No eres lo suficientemente bueno. Mira cómo te trata la gente; tus propios padres no te querían (para aquellos que fueron rechazados por sus padres). Si te engañaron, el diablo dirá que no mereces ser amado. Nadie te amará jamás y no tienes ningún valor. Nunca tendrás éxito ni triunfarás en la vida con cualquier cosa que te propongas.

Relaciones sexuales: el rechazo puede llevarte a buscar relaciones sexuales. Dormir con alguien puede llenar temporalmente el vacío, pero eso no dura mucho. Podrías decir que si me acuesto con ellos, me amarán y me querrán. Si tu padre o tu madre estuvieron ausentes de tu vida, tendrás la intención de buscar la atención que normalmente recibirías de tus padres en otras relaciones.

Adormecer sus sentimientos: es posible que estés aferrándote a tanto dolor que no quieras o no sepas cómo afrontarlo. En general, no querrás sentir este dolor con el que has estado lidiando. La mejor salida para algunas personas es recurrir a la bebida, las pastillas, las drogas, las compras, el sexo, la pornografía, etc., cualquier cosa que les permita adormecerse de sus sentimientos. Ahora bien, como esto es sólo una solución temporal, los sentimientos y el dolor regresan. Así es como la gente se vuelve tan adicta a hábitos poco saludables; repiten su forma de afrontar el dolor. La única forma verdadera de comenzar tu curación es sintiendo tu dolor. Para sanar es necesario sentir. Deja que Dios te ayude con una sanación que sea permanente.

Rechazando el verdadero amor de Dios: has sido tan rechazado que crees que Dios no puede amarte. No eres digno de que Él te ame. Si tus propios padres, cónyuge, familia o amigos no te quieren, ¿cómo puede Dios amarte? Dios no es hombre para que mienta; Él no te decepcionará y nunca te rechazará. Sus brazos permanecen abiertos esperando que corramos hacia Él.

Lee los siguientes pasajes bíblicos sobre el amor de Dios por nosotros.

El Hijo Pródigo en Lucas 15:11-31 - Ese mismo amor que tiene por Su hijo, lo tiene por nosotros.

Lucas 15:4 - Si un hombre tiene cien ovejas y una de ellas se pierde, ¿qué hará? ¿No dejará a los otros noventa y nueve en el desierto e irá a buscar al que está perdido hasta encontrarlo?

Romanos 5:8 - Pero Dios mostró su gran amor por nosotros al enviar a Cristo a morir por nosotros cuando aún éramos pecadores.

Juan 3:16 - Porque así amó Dios al mundo: dio a Su único Hijo, para que todo el que cree en Él no perezca, sino que tenga vida eterna. Dios envió a Su Hijo al mundo no para juzgar al mundo, sino para salvarlo por medio de Él.

ORA: Padre, derribé el espíritu de rechazo de toda persona que me lastimó y decepcionó. Padre, te pido que traigas sanidad a lo más profundo de mi alma herida. Ayúdame a saber que soy amado y aceptado por Ti. No importa lo que los demás digan o piensen de mí; lo que importa es lo que dices de mí y cómo me ves. Gracias por amarme incondicionalmente y aceptarme tal como soy. Nadie puede amarme como Tú lo haces. Te agradezco por entregar a Tu Hijo para morir en la cruz solo por mí y mostrarme cuánto me amas en el nombre de Jesús. Amén.

Por favor, completa el capítulo dos de tu cuaderno de ejercicios antes de pasar al siguiente capítulo de este libro

Capítulo 3

Liberándote del Miedo

MIEDO: Siempre esperando resultados terribles

El miedo es una fortaleza con la que se enfrentan muchas personas. Puede mantenerte atado de muchas maneras. Estas son solo algunas maneras:

- Miedo al fracaso
- Miedo al cambio
- Miedo a lo desconocido
- Miedo a la enfermedad
- Miedo a la pérdida
- Miedo a lo que la gente pensará o dirá sobre ti.
- Miedo a las decepciones
- Miedo a los reveses
- Miedo a no ser aceptado
- Miedo al rechazo

El miedo te mantiene atado y paralizado para seguir adelante en la vida. Es posible que tengas miedo de iniciar un nuevo negocio, no tener éxito en una nueva carrera, entablar una nueva relación para evitar ser lastimado nuevamente o confiar en alguien, nunca ser sanado de una enfermedad o fallarle a Dios. Cualquiera que sea tu miedo, ten presente que el plan del diablo es impedirte avanzar en la vida y en el destino que Dios tiene para ti.

El miedo puede surgir cuando Dios te llama a salir de tu zona de confort. Cuando Dios te llama a lo desconocido, te hace sentir incómodo. Todos estos pensamientos se apoderan de tu mente: no soy lo suficientemente bueno, qué pasa si la gente no me acepta, no lo lograré, etc. Todas las mentiras y formas de desánimo vendrán a tu mente.

El miedo aún puede apoderarse de ti cuando hayas sido sanado, liberado y puesto en libertad. El enemigo intentará infiltrarse y decirte que tu curación nunca ocurrió. Ahora surge la duda y comienzas a cuestionarte hasta el punto de volver al punto de partida. Recuerda lo que dice la palabra: Juan 8:36 "Quien el Hijo libera, es verdaderamente libre".

El miedo puede surgir cuando se te ha dado una palabra profética o cuando recibes una promesa directamente de Dios. El enemigo intentará robarlo. Lo que es para ti es para ti porque es el plan de Dios que se ha establecido y sucederá; sin embargo, necesitarás permanecer firme en la palabra de Dios. Créelo, confía en Él y encuéntralo a medio camino.

La palabra de Dios nunca volverá vacía. Él dice en Jeremías 29:11: "Porque yo sé los planes que tengo para ustedes, dice el Señor. Son planes para el bien y no para el desastre, para darles un futuro y una esperanza".

Tómate un momento para pensar en los miedos con los que has estado lidiando:

1. **¿Cuáles son tus miedos?**

2. **¿Cuáles han sido tus resultados de los miedos que has estado cargando?**

3. **¿Qué miedos estás dispuesto a dejar ir?**

¡El miedo debe IRSE ahora en el nombre de Jesús! El miedo no viene de Dios; viene de Satanás. La palabra de Dios dice...

2 Timoteo 1:7 - Porque Dios no nos ha dado espíritu de temor y de timidez, sino de poder, de amor y de dominio propio.

Isaías 41:10 - No temas, porque yo estoy contigo. No te desanimes, porque yo soy tu Dios. Yo te fortaleceré y te ayudaré. Te sostendré con mi diestra victoriosa.

Filipenses 4:13 - Porque todo lo puedo en Cristo que me fortalece.

Debemos temer únicamente a Dios , pero nunca de mala manera.

1 Juan 4:18 - Tal amor no tiene temor, porque el amor perfecto expulsa todo temor. Si tenemos miedo es por temor al castigo, y esto demuestra que no hemos experimentado plenamente su amor perfecto.

Proverbios 9:10 - El temor de Jehová es el fundamento de la sabiduría. El conocimiento del Santo resulta en buen juicio.

ORA: Padre, derribo todo temor y te pido que por favor me llenes de Tu paz, descanso y consuelo. Porque Tu palabra dice que no nos has dado espíritu de temor sino de poder, de amor y de dominio propio. Invoco (nombra tu miedo) _____ y cualquier cosa de la que no soy consciente está adjunta a él; esto debe suceder ahora mismo en el nombre de Jesús. Que lo reemplaces con Tu valentía y una fe y esperanza más fuertes en el nombre de Jesús. Amén.

Ya que estamos en el tema del miedo, hablemos de la FE sobre el miedo.

FE: Plena seguridad en el corazón

1. ¿Dirías que tienes fe? Si no, ¿por qué?

2. ¿En qué áreas de tu vida necesitas fortalecer tu fe?

3. ¿Qué te hizo perder la fe? Piensa en lo que pasó y cuando.

Hebreos 11:1 - La fe muestra la realidad de lo que esperamos; es la evidencia de cosas que no podemos ver.

Lee Hebreos 11: muestra grandes ejemplos de fe.

Si alguna vez has oído hablar de la historia de David y Goliat, esta es una verdadera historia de fe. David era un niño pequeño que mató a este gigante llamado Goliat con una sola piedra (tenía cinco) cuando los soldados más grandes y fuertes del ejército estaban desanimados y asustados de atacarlo. Dios nos ha dado nuestras propias piedras personales para vencer a los gigantes en nuestras vidas. Las cinco piedras que Dios nos ha dado son el Espíritu

Santo, la oración, la adoración, las Escrituras y la sabiduría.

Lee 1 Samuel 17

La fe viene por el oír y el oír por la palabra de Dios. Cuanto más alimentes a tu hombre espiritual dentro de ti, más crecerá tu fe; esto sucede alimentándote de la palabra de Dios.

Lee Romanos 10:17

La fe y la esperanza van de la mano. No se puede tener esperanza sin fe y viceversa. Fe significa confiar, no en lo que ves, sino creer con esperanza que todo lo que has estado orando sucederá.

¿Estás alimentando a tu espíritu humano o a tu alma? Lo que alimentas crece y lo que matas de hambre muere. Decide hoy qué quieres alimentar y qué quieres matar de hambre.

ORA: Padre, oro y te pido que me ayudes con mi incredulidad. En las áreas donde me falta fe, que Tú ayudes a aumentarla. Les ordeno a los espíritus de la mentira y el desánimo que intentan inundar mi mente y mi corazón que me dejen ahora mismo en el nombre de Jesús. Que derrames sobre mí una nueva esperanza, una fe fresca y Tu espíritu a medida que me acerco cada vez más a Ti para que pueda confiar en Ti cada día más.

Por favor, completa el capítulo tres de tu cuaderno de ejercicios antes de pasar al siguiente capítulo de este libro

Capítulo 4
Liberándote
de la Ira

Dios nos dio emociones para que podamos expresar lo que estamos sintiendo en un momento dado. Emociones como la felicidad, la tristeza, la excitación, el miedo, la decepción y la ira son sólo algunas. No hay nada de malo en expresar nuestras emociones, sin embargo, debemos tener cuidado de no actuar en nuestros sentimientos. Por ejemplo, al permitir que el miedo nos impida una oportunidad como comenzar una nueva carrera laboral, una relación, un llamado a un ministerio, experimentar algo nuevo en la vida o permitir que nuestra ira lastime a alguien física o verbalmente.

Santiago 3:2-12 - nos dice que necesitamos domar la lengua. Es una pequeña parte del cuerpo, pero es muy poderosa. Podemos hablar de vida o muerte y de bendiciones o maldiciones a la vida de alguien o incluso a la nuestra.

Recuerda, representamos a Cristo; La forma en que tomamos represalias ante situaciones o personas que nos han lastimado puede mostrar cómo es una actitud a la manera de Cristo al manejarlo con gracia, paciencia y amor.

Diferentes circunstancias surgirán y nos probarán para ver si pasaremos o fallaremos. Cuando somos probados en la vida con ciertas situaciones y las superamos manejándolas con gracia, humildad y lentitud para la ira, esto demostrará que las superamos con el carácter de Cristo. Por ejemplo: podrías tener tratos con un compañero de trabajo, cónyuge, sus hijos, etc. que tal vez no esté teniendo un buen día y se muestre grosero o lleno de rabia hacia ti. Tu reacción sería mostrar el amor de Cristo, respondiendo con una respuesta suave. Esto me recuerda a esta escritura:

Proverbios 15:1 - "La respuesta amable desvía la ira, pero las palabras duras irritan los ánimos"

También debemos prestar mucha atención cuando nos enojamos con alguien. ¿Es rabia o un sentimiento normal de enojo?

1. **¿Puedes recordar la última vez que te enojaste o te enfureciste? ¿Cuál fue tu respuesta?**
2. **¿Cómo se manifestó tu ira?**
3. **¿Cuál fue el resultado después de tu arrebato?**

La próxima vez que te enojes fácilmente, detente y ora. Pregúntale a Dios cuál fue tu desencadenante: descubre la causa raíz. Necesitamos reconocer la raíz del verdadero motivo de la manifestación de la ira. La razón puede ser un desencadenante de nuestra infancia o un trauma que sufrimos. Algunas cosas que encontramos en nuestro pasado están tan profundamente enterradas dentro de nosotros que se manifestarán exteriormente y no entendemos por qué.

A veces puede ser un espíritu que estamos discerniendo en otra persona que nos molesta, y tomamos represalias en la carne, debemos recordar que no estamos luchando contra carne y sangre sino contra principados, así que lo manejamos en el espíritu a través de la oración. El enemigo siempre te pondrá a prueba en esta área si continúas fallando.

Efesios 6:12 - Porque no estamos luchando contra enemigos de carne y hueso, sino contra gobernantes y autoridades malvadas del mundo invisible, contra poderes imponentes en este mundo oscuro, y contra espíritus malignos en las regiones celestiales.

Recordemos contra qué estamos luchando realmente. No estamos luchando contra la carne sino contra principados.

La ira también puede estar relacionada con el miedo. Aquí hay dos ejemplos que escuchamos a menudo en las noticias sobre por qué las personas fueron asesinadas:

• Ser acosado en la infancia causa miedo y puede convertirse en ira en el futuro, en la adolescencia o en la edad adulta. El miedo puede comenzar a partir de un trauma que tuvo lugar en su vida y luego se convierte en ira. Eso puede hacer que usted tome el asunto en sus propias manos, como peleas verbales y físicas cruciales.

• Alguien en una relación puede tener miedo de que su pareja abandone su vida. El resultado puede convertirse en ira, lo que conduce a un sentimiento de abandono y falta de amor, lo que hace que la persona se enoje y quiera lastimarse a sí misma o a su pareja.

Esos son dos ejemplos de cómo una semilla de ira puede manifestarse en la vida de alguien. En el momento en que surja la ira, lidia con ella en el acto y pregúntate: ¿De dónde viene esto? ¿Por qué me enojé? Lo último que quieres hacer es enterrar tu ira. Puede convertirse en una bomba de tiempo esperando a explotar; es entonces cuando una persona reacciona sin pensar y hace algo de lo que se arrepentirá.

El libro de Gálatas habla del fruto del Espíritu. Este pasaje de las Escrituras nos recuerda cómo debemos caminar:

Gálatas 5:22-23 - Pero el Espíritu Santo produce esta clase de frutos en nuestras vidas: amor, gozo, paz, paciencia, bondad, generosidad, fidelidad, mansedumbre y dominio propio. ¡No hay ley contra estas cosas!

ORA: Padre, levanto esta ira ante Ti. Al ponerlo a Tus pies, que Tú lo reemplaces con Tu alegría y paz. Lléname de Tu amor para que pueda amar y tener compasión de aquellos que me hayan hecho daño. Revélame la raíz de esta ira y, al hacerlo, te la presentaré de vuelta. Crea en mí un corazón limpio para que cualquier ira en mí no me obstaculice en el nombre de Jesús, Amén._____

_____

Por favor, completa el capítulo cuatro de tu cuaderno de ejercicios antes de pasar al siguiente capítulo de este libro

Capítulo 5
Liberándote de
la depresión

Muchas personas lidian con la depresión y con lo que está sucediendo en este mundo en este momento, las cifras aumentan cada día. Hay diferentes tipos de depresión y muchas formas en que las personas las afrontan.

1. **¿Tienes que lidiar con la depresión? En caso afirmativo, ¿cómo lo abordas?**

2. **¿De qué manera se manifiesta tu depresión?**

3. **¿Cómo manejas tu depresión? ¿Qué acciones tomas?**

El Señor me mostró tres tipos de depresión:

Depresión silenciosa: esto ocurre cuando una persona está callada y no comparte sus pensamientos ni lo que está pasando. Sin embargo, otras personas pueden ver este tipo de depresión. Me recuerda a una olla de presión donde todos los pensamientos y sentimientos se guardan dentro y, antes de que te des cuenta, se produce una explosión con una gran cantidad de pensamientos suicidas.

Depresión oculta: esto ocurre cuando una persona se esconde detrás de la risa, la sonrisa, etc. Algunos incluso bromean sobre su situación en la vida. Por ejemplo, he visto personas con sobrepeso que son infelices por dentro, pero lo ignoran con chistes sobre sí mismos.

Depresión esporádica: esta es una depresión que surge de la nada inesperadamente, especialmente para las personas que no lidian con la depresión. Se arrastra lentamente sobre ti como una nube; sin una comprensión total, empiezas a sentirte abatido. Tenemos que reconocer y discernir qué es para saber qué reprender; porque una vez que caes en esa depresión, es una espiral descendente hacia un pozo más profundo y oscuro. Comenzarás a actuar según lo que estás pensando y sintiendo.

Aquí hay algunos pasajes bíblicos alentadores que te recordarán en tiempos de desánimo y desesperanza lo bueno y fiel que es Dios y lo cerca que está de los que tienen el corazón quebrantado:

Proverbios 12:25 - La preocupación agobia al hombre; una palabra de aliento anima a una persona.

Deuteronomio 31:8 - No temas ni desanimes, porque el Señor personalmente irá delante de ti. Él estará contigo; Él no te fallará ni te abandonará.

Salmo 9:9 - El Señor es refugio para los oprimidos, refugio en tiempos de angustia.

Salmo 34:18-19 - Cercano está el Señor a los quebrantados de corazón; Él rescata a aquellos cuyo espíritu está abatido. La persona justa enfrenta muchos problemas, pero el Señor viene al rescate cada vez.

Salmo 126:5 - Los que plantan con lágrimas cosecharán con gritos de alegría.

Romanos 15:13 - Oro para que Dios, la fuente de esperanza, te llene completamente de gozo y paz porque confías en Él. Entonces rebosarás de esperanza confiada por el poder del Espíritu Santo.

ORA: Padre, levanto la depresión en este momento ante Ti, Señor. Lléname de un gozo eterno. Tu palabra dice que me darás hermosura en lugar de las cenizas, óleo de alegría en lugar del luto y manto de alabanza en lugar del espíritu de tristeza; para que yo sea llamado árbol de justicia, plantío del Señor, para que él sea glorificado. Derrama Tu gozo para que me llene de risa en el nombre de Jesús, Amén.

_____

_____

Por favor, completa el capítulo cinco de tu cuaderno de ejercicios antes de pasar al siguiente capítulo de este libro

Capítulo 6
Liberándote de la
lujuria

¿Qué es lo primero que piensas cuando escuchas la palabra lujuria?

Aquí hay dos definiciones:

• Un deseo o anhelo apasionado o abrumador, o un ansia de poder.

• Tener un deseo sexual muy fuerte por alguien.

Lee las siguientes escrituras que hablan de "no ames a este mundo".

1 Juan 2:15-17 - No ames a este mundo ni a las cosas que te ofrece, porque cuando amas al mundo, no tienes el amor del Padre en ti. Porque el mundo sólo ofrece un anhelo de placer físico, un anhelo de todo lo que vemos y orgullo por nuestros logros y posesiones. Éstos no son del Padre sino que son de este mundo. Y este mundo se está desvaneciendo, junto con todo lo que la gente anhela. Pero el que hace lo que agrada a Dios vivirá para siempre.

Gálatas 5:16 - Por eso digo: dejen que el Espíritu Santo guíe sus vidas. Entonces no estarás haciendo lo que tu naturaleza pecaminosa anhela.

Colosenses 3:5 - Haz morir, pues, las cosas pecaminosas y terrenales que acechan dentro de ti. No tengas nada que ver con la inmoralidad sexual, la impureza, la lujuria y los malos deseos. No seas avaro, porque el avaro es un idólatra que adora las cosas de este mundo.

Ahora hablemos del deseo sexual:

- Pornografía
- Masturbación
- Desear con los ojos a alguien con quien no estás casado
- Fantasías en tu mente con pensamientos lujuriosos

1 Tesalonicenses 4:3-5 - La voluntad de Dios es que seas santo, así que mantente alejado de todo pecado sexual. Entonces cada uno de ustedes controlará su propio cuerpo y vivirá en santidad y honra, no en pasiones lujuriosas como los paganos que no conocen a Dios ni sus caminos.

Lazos sexuales del alma

Un vínculo sexual entre el alma se forma cuando te acuestas con alguien. Creas una conexión espiritual con su alma, no solo con el alma de la persona con la que te acostaste, sino también con todas las demás personas con las que esta se acostó.

Ejemplos de situaciones que podrían crear lazos impíos en el alma:

• El sexo une a las personas física, emocional y espiritualmente. Si tenemos relaciones sexuales con otras personas además de nuestro cónyuge, creamos vínculos anímicos que pueden causar problemas futuros (confusión espiritual, confusión emocional, adicción al sexo, obsesión, etc.). Lee lo que dice 1 Corintios 6:16. Es por eso que a veces, alguien con quien anteriormente tuviste relaciones sexuales y encerraste tu alma todavía puede aparecer en tus pensamientos y recuerdos.

• Mirar imágenes sexuales, albergar recuerdos sexuales, usar juguetes sexuales o tener un fetiche sexual puede establecer un vínculo entre el alma y un espíritu maligno. Empiezas a fantasear con estas cosas y, antes de que te des cuenta, actúas según esos pensamientos.

• Puede que no en todos los casos se produzca un vínculo de alma, pero ciertamente es posible. Como una película porno favorita, una prenda de vestir usada por un amante anterior, un artículo/regalo que te dio la persona con la que estuviste involucrado, fotos de amantes anteriores con los que encerraste almas o recuerdos sexuales de alguien en tu pasado o incluso de una aventura de una noche.

• El abuso o acoso sexual puede resultar en vínculos del alma entre el infractor y la víctima. Si has estado involucrado en abuso sexual, el primer paso para tu proceso de curación es reconocer que sucedió y saber que no fue culpa tuya. Busca la curación presentándola a Dios en oración y habla con alguien en quien puedas confiar y que pueda ayudarte a continuar en tu viaje hacia la curación y la libertad.

1. **Detente y piensa mientras hablamos sobre este tema. ¿Puedes pensar en algún vínculo sexual con tu alma que todavía puedas tener de tu pasado o incluso ahora? Escribe los nombres.**

Los lazos del alma también pueden ocurrir a través de relaciones "no saludables" con familiares, amigos o compañeros de trabajo. Los ejemplos incluyen relaciones caracterizadas por la manipulación, la culpa, el abuso emocional, la codependencia, el afecto antinatural o la envidia. Sin embargo, aún eliges continuar teniendo una relación con ellos y harás cualquier cosa para mantener esa relación.

2. **¿Puedes pensar en algún vínculo nocivo del alma que todavía puedas tener de tu**

pasado o incluso ahora? Escribe los nombres.

Cómo saber si tienes un vínculo de alma impío:

Tómate un momento en oración y pídele a Dios que te muestre si tienes vínculos con tu alma que necesitan ser cortados. Si el Señor te recuerda a alguien o crees que existe la posibilidad de que exista un vínculo del alma, procede a orar para cortar los vínculos del alma. Puede que suceda o no en una sola oración. Puede estar tan profundamente enterrado que no lo recuerdas, pero en el tiempo de Dios, Él sacará nombres a la superficie o incluso un recuerdo de esa persona. Cada vez que el Señor lo saque a la superficie, comienza a renunciar a esos lazos del alma con la oración que se comparte a continuación.

ORA: Para romper las ataduras del alma:

Padre Dios, te doy gracias por salvarme de la destrucción. Te agradezco por enviar a Jesús a morir por mis pecados. Por favor perdóname por mis pecados contra ti. Específicamente, confieso que _____

(detalles del pecado y nombres). Me arrepiento de ese pecado y lo renuncio ahora.

Señor, por favor purifica mi corazón de este pecado, de su recuerdo y de cualquier fantasía que haya tenido en mi mente al respecto. En el nombre de Jesucristo y por el poder de Su sangre que fue derramada en la cruz, me libero de toda atadura del alma que tuvo lugar con

_____

(nombre(s) u objetos específicos).

Les encomiendo al cuidado de Jesucristo para que Él haga lo que quiera. Satanás, te reprendo a ti y a todas tus obras y caminos. Reprendo cualquier espíritu maligno que tenga fortaleza en mí. En el nombre de Jesús, les ordeno, espíritus malignos, que me dejen y regresen al abismo del infierno al que pertenecen. Padre, por favor sana mi alma de cualquier herida resultante de estos lazos del alma. Por favor, restaura cualquier parte de mí que haya sido robada a través de este/estos vínculos del alma y tráeme de regreso a la plenitud. Refresca mi alma y reconstrúyeme para que vuelva a ser la persona a la cual Tú creaste. Gracias, Señor, por Tu poder sanador y tu perfecto amor por mí. Que pueda glorificarte con mi vida de ahora en adelante en el nombre de Jesús. Amén.

_____

_____

Por favor, completa el capítulo seis de tu cuaderno de ejercicios antes de pasar al siguiente capítulo de este libro

Capítulo 7
Liberándote
de la identidad

La definición de identidad es el hecho de ser quién o qué es una persona o cosa.

Esto me recuerda al robo de identidad: cuando alguien roba la identidad de otra persona, como un número de seguro social o una identificación física, su intención es crear una nueva identidad para sí mismo. Están tratando de ser alguien que no son. Lo mismo sucede internamente con las personas después de un trauma; algo cambia dentro de ellos y crea una persona diferente a quien Dios no creó originalmente.

- Podemos perdernos siendo otra persona. Nuestra identidad ha estado en lo que hacemos, tenemos, conocemos, hemos hecho, confeccionamos, vestimos e incluso en nuestras carreras. No te dejes atrapar por usar el nombre de otra persona y convertirlo en tu marca. No te dejes atrapar tratando de ser otra persona en tu trabajo sólo para obtener ese ascenso. No te dejes atrapar tratando de parecerte a esa modelo que el mundo anuncia en la televisión, vallas publicitarias, revistas, etc. Eres exactamente como Dios te creó para ser.

- Nuestra identidad puede perderse en nuestros hijos, cónyuge, padres, amigos, fantasías, etc. Tenemos la intención de presionarnos a nosotros mismos a través de etiquetas por medio de nuestros trabajos, finanzas, carreras, familia, logros, apariencia o lo que otros dicen sobre nosotros y cómo nos pueden ver. No tienes que vivir según las etiquetas que otros te ponen. Puedes vivir según cómo Dios te ve y te creó para ser.

- No seas nadie más que aquello para lo que Cristo te creó. Me entristece el corazón cuando las personas modifican su cuerpo o su rostro con cirugía o cualquier otra forma de verse diferente. Dios no cometió un error cuando nos creó. Cambiar lo que Él creó es decirle a Dios: No hiciste un buen trabajo, no lo hiciste bien o yo puedo hacer un mejor trabajo.

- Lo más común que escucho es: "Así es como me criaron". Mi padre, mi madre o mi figura paterna consumía drogas y eso es todo lo que supe o se me enseñó cuando era niño. Esa es la razón por la que recurrí a las drogas. Una persona puede cambiar, no necesita permanecer de la misma manera que fue educada o enseñada por la persona que la crió. No es necesario asumir su identidad y su forma de vivir. Dios te creó con los tuyos propios, deja que Él te transforme de la forma en que Él pretendía que vivieras. Tu identidad está en Cristo y debes basarla en cómo te ve Dios y en lo que Él te ha llamado a ser. Conoce quién eres: llevas el ADN de Dios y fuiste creado a Su imagen.

Aquí hay algunas escrituras que hablan sobre tu identidad:

Efesios 1:5-7 - Dios decidió de antemano adoptarnos en Su propia familia al traernos a Él a través de Jesucristo. Esto es lo que Él quería hacer y le produjo gran placer. Por eso alabamos a Dios por la gloriosa gracia que ha derramado sobre nosotros que pertenecemos a su amado Hijo. Él es tan rico en bondad y gracia que compró nuestra libertad con la sangre de Su Hijo y perdonó nuestros pecados.

1 Corintios 12:27 - Todos ustedes son el cuerpo de Cristo, y cada uno de ustedes son parte de Él.

Jeremías 1:5 - Te conocí antes de formarte en el vientre de tu madre. Antes de que nacieras, te aparté y te nombré mi profeta para las naciones.

1 Corintios 6:19-20 - ¿No te das cuenta de que tu cuerpo es templo del Espíritu Santo, que vive en ti y que te ha sido dado por Dios? No te perteneces a ti mismo, porque Dios te compró a alto precio. Por eso debes honrar a Dios con tu cuerpo.

1 Corintios 6:17 - Pero el que se une al Señor, está con Él en un solo espíritu.

Génesis 1:27 - Entonces Dios creó al ser humano a su imagen. A imagen de Dios los creó; varón y hembra los creó.

En tu tiempo de oración pregúntale a Dios, ¿dónde está mi identidad? ¿Quién he sido todos estos años?

ORA: Padre, mientras me revelas cómo he estado viviendo mi vida todos estos años sin Ti y la identidad que he asumido, te pido que la borres. Reemplázalo con Tu ADN y la identidad que me has dado para que pueda caminar en mi verdadero llamado y el propósito que tienes para mí. Estoy maravillosamente hecho a Tu imagen. Gracias por crearme para ser quien me has llamado a ser en el nombre de Jesús, Amén.

_____

_____

Por favor, completa el capítulo siete de tu cuaderno de ejercicios antes de pasar al siguiente capítulo de este libro

Capítulo 8
Liberándote
de la enfermedad

El enemigo nos ataca cuando estamos en nuestro punto más débil mental, física o emocionalmente. Todos sabemos que cuando nos enfrentamos a una enfermedad de corta o larga duración podemos perder la esperanza y empezar a dudar. El enemigo viene a inundar nuestra mente con mentiras o incluso con pensamientos de que vamos a morir o que nunca mejoraremos. No olvidemos lo que dice la palabra de Dios en las siguientes escrituras.

Isaías 53:5 - Pero él fue herido por nuestra rebelión, molido por nuestros pecados. Lo golpearon para que pudiéramos estar completos. Fue azotado para que pudiéramos ser sanados.

Isaías 40:29 - Él da poder al desvalido y fuerza al débil.

2 Corintios 12:9-11 - Cada vez que dijo: "Mi gracia es todo lo que necesitan. Mi poder funciona mejor en la debilidad". Por eso ahora me alegro de mis debilidades, para que el poder de Cristo pueda obrar a través de mí. Por eso me complazco en mis debilidades, y en los insultos, penalidades, persecuciones y angustias que sufro por Cristo. Porque cuando soy débil, entonces soy fuerte.

1. En tu momento de desesperación durante una enfermedad que encontraste, ¿tu fe se tambaleó?

2. ¿Se apoderó de ti el miedo?

3. ¿Qué mentiras te estaba susurrando Satanás al oído?

4. ¿Aún pudiste mirar a Dios y adorarlo durante tu desesperanza?

Debemos caminar en fe para poder ser sanados porque la palabra de Dios nos dice que todo lo que necesitamos es fe como una semilla de mostaza para confiar y creer. Leamos sobre la mujer con flujo de sangre y cómo su fe la ayudó a ser sanada. Ella no pidió oración ni que nadie le impusiera las manos ni siquiera dijera una palabra. Fue su fe y su avance en sus acciones lo que la sanó.

Lucas 8:43-48 - Una mujer entre la multitud había sufrido durante doce años con sangrado constante, y no podía encontrar cura. Acercándose a Jesús, tocó el borde de su manto. Inmediatamente, el sangrado cesó. "¿Quién me tocó?" Jesús preguntó. Todos lo negaron, y Pedro dijo: "Maestro, toda esta multitud se aprieta contra ti". Pero Jesús dijo: "Alguien me tocó deliberadamente, porque sentí que un poder sanador salía de mí". Cuando la mujer se dio cuenta de que no podía permanecer escondida, comenzó a temblar y cayó de rodillas delante de Él. Toda la multitud la escuchó explicar por qué lo había tocado y que había sido sanada inmediatamente. "Hija", le dijo, "tu fe te ha sanado. Ve en paz."

Aquí hay otras dos historias sobre cómo Jesús sanó a un cojo y a un ciego. Nada es demasiado difícil o imposible para nuestro Dios cuando se trata de sanar a los enfermos. Creo que es una manera de mostrar el milagro de Dios a los que tienen incredulidad.

John 5:1-9 - Después Jesús regresó a Jerusalén para uno de los días santos judíos. Dentro de la ciudad, cerca de la puerta de las Ovejas, estaba el estanque de Betesda, con cinco pórticos cubiertos. Multitudes de enfermos (ciegos, cojos o paralíticos) yacían en los porches. Uno de los hombres que yacían allí había estado enfermo durante treinta y ocho años. Cuando Jesús lo vio y supo que hacía mucho tiempo que estaba enfermo, le preguntó: "¿Quieres curarte?" "No puedo, señor", dijo el enfermo, "porque no tengo a nadie que me meta en la piscina cuando el agua burbujea. Siempre hay alguien más que llega antes que yo". Jesús le dijo: "¡Levántate, toma tu camilla y anda!" ¡Al instante, el hombre fue sanado! ¡Enrolló su colchoneta y empezó a caminar!

Juan 9:1-7 - Mientras Jesús iba caminando, vio a un hombre que era ciego de nacimiento.

"Rabí", le preguntaron sus discípulos, "¿por qué este hombre nació ciego? ¿Fue por sus propios pecados o por los pecados de sus padres? "No fue por sus pecados ni por los pecados de sus padres", respondió Jesús. "Esto sucedió para que se pudiera ver el poder de Dios en él. Debemos realizar rápidamente las tareas que nos asignó quien nos envió. Llega la noche y entonces nadie puede trabajar. Pero mientras estoy aquí en el mundo, soy la luz del mundo". Luego escupió en el suelo, hizo barro con la saliva y untó el barro sobre los ojos del ciego. Él le dijo: "Ve a lavarte en el estanque de Siloé" (Siloé significa "enviado"). Entonces el hombre fue, se lavó y volvió viendo.

Aquí hay solo algunos pasajes de las Escrituras para que te hables a ti mismo cuando estés enfermo. La Biblia está llena de escrituras que nos alientan y nos llenan de esperanza, paz y descanso. Háblalo a la atmósfera y a la existencia. Recuerda, hay poder en tus palabras. Comienza a agradecer a Dios por tu curación como si ya estuviera hecha.

Isaías 41:10 - No temas, porque yo estoy contigo. No os desaniméis, porque yo soy vuestro Dios. Yo te fortaleceré y te ayudaré. Te sostendré con mi diestra victoriosa

Salmo 30:2 - Oh Señor, Dios mío, a Ti clamé por ayuda, y Tú restauraste mi salud.

Mateo 11:28-30 - Entonces Jesús dijo: "Vengan a mí todos los que están cansados y cargados, y yo les haré descansar. Lleven mi yugo sobre ustedes. Déjenme enseñarles, porque soy humilde y manso de corazón, y encontrarán descanso para sus almas. Porque mi yugo es fácil de llevar, y ligera la carga que les doy".

Romanos 15:13 - Oro para que Dios, fuente de esperanza, te llene completamente de gozo y paz porque confías en Él. Entonces rebosarás de esperanza confiada por el poder del Espíritu Santo.

Salmo 46:1 - Dios es nuestro refugio y fortaleza, siempre dispuesto a ayudar en tiempos de dificultad.

ORA: Padre, levanto toda enfermedad de mi cuerpo, todo lo conocido y lo desconocido. Eres un Dios omnisciente. Oro y te pido que me cubras con la sangre de Jesús desde la coronilla hasta las plantas de los pies. Pido la sangre de Jesús sobre cada órgano, músculo, vaso y hueso de mi cuerpo. Reclamo curación física; que puedas restaurar mi cuerpo a como Tú querías que fuera: con buena salud. Lléname con Tu Espíritu Santo y a medida que me llenes, no dejará lugar para el espíritu de la enfermedad. La enfermedad no tiene más remedio que abandonar mi cuerpo en el nombre de Jesús. Te agradezco de antemano por mi curación. Estoy creyendo en fe que Tú me has sanado en el nombre de Jesús. Amén.

_____

_____

Por favor, completa el capítulo ocho de tu cuaderno de ejercicios antes de pasar al siguiente capítulo de este libro

Capítulo 9
Liberándote
de la vergüenza y la culpa

1. ¿Qué has hecho en tu pasado que te haya causado vergüenza o culpa?
2. ¿Tienes a alguien que te recuerda constantemente tus errores?
3. ¿Cómo te hace sentir?
4. ¿Realmente crees que Dios puede perdonarte por lo que has hecho?
5. Pídele a Dios que te perdone por (llena el espacio en blanco).

A partir de hoy, deja de pensar en tu pasado: Dios te ha perdonado. Cuando le pides a Dios que te perdone, Él lo hace instantáneamente. Él no lleva un registro de sus malas acciones. No es como los humanos que tienen récords y luego te los devuelven a la cara. Él no te devuelve lo que hiciste hace años que ya ha sido lavado bajo la sangre de Cristo.

Lee lo que Dios dice en las siguientes escrituras:

Salmo 130:3 - Señor, si llevaras un registro de nuestros pecados, ¿quién, oh Señor, podría sobrevivir?

Jeremías 31:34 - Y no tendrán necesidad de enseñar a sus vecinos, ni tendrán necesidad de enseñar a sus parientes, diciendo: 'Deben conocer al Señor', porque todos, desde el menor hasta el mayor, ya me conocerán". dice el Señor. "Y perdonaré sus maldades, y nunca más me acordaré de sus pecados".

Romanos 8:1 - Así que ahora ninguna condenación hay para los que pertenecen a Cristo Jesús.

La vergüenza nunca fue una emoción intencionada por Dios. De hecho, la Biblia dice que el enemigo es el acusador de los creyentes, lo que significa que la voz que intenta avergonzarnos, minimizar quiénes somos y robar nuestra confianza proviene del enemigo. Dios nunca te avergonzará. Él corrige y restaura a sus hijos con amor.

Hebreos 12:4-5 ¿Y han olvidado las palabras de aliento que Dios les habló como a sus hijos? Él dijo: "Hijo mío, no menosprecies la disciplina del Señor y no desistas cuando Él te corrija".

No se desanimen cuando el Señor les castigue. Él les trata como a sus hijos y lo hace con amor. De la misma manera que los padres hacen por sus hijos para su protección y seguridad, Dios hace lo mismo por ti.

La forma en que Dios corrige a sus hijos es brindándonos convicción. Nos dice que nuestras acciones estuvieron equivocadas. Nos alerta para corregir nuestros errores y aprender de ellos. El diablo, por otro lado, trae culpa y vergüenza mientras derrama condenación sobre nosotros. La vergüenza es un ataque a nuestra identidad. La vergüenza nos dice que somos malos y lo mucho que nos equivocamos. El enemigo usa la vergüenza para mantenernos en un ciclo de condenación y aislamiento de Dios. Nos convence de que Dios está enojado con nosotros y que hemos cometido muchos errores como para ser amados o perdonados, y que no podemos alcanzar nuestro potencial en Dios.

ORA: Padre, pongo a tus pies toda culpa y vergüenza de mi pasado. Tú me has perdonado y me has lavado con la sangre de Jesús. Cuando te acepté en mi vida, borraste mi pasado y me diste una nueva vida. Lo viejo ha muerto y ahora soy una persona nueva. Ordeno que se cierre la boca del enemigo cada vez que se menciona mi pasado. Gracias por verme como el proyecto terminado y gracias por amarme incondicionalmente. En nombre de Jesús, Amén.

_____

_____

Por favor, completa el capítulo nueve de tu cuaderno de ejercicios antes de pasar al siguiente capítulo de este libro

Capítulo 10
Liberándote
de tu mentalidad

La mente puede ser muy poderosa. Todavía puedes cargar con cosas que están tan escondidas en lo profundo de tu mente subconsciente que has olvidado, incluyendo ciertos traumas que ocurrieron en tu infancia o ciertas cosas que te han enseñado. Las cosas que hemos aprendido o encontrado forman parte del paradigma. La definición de paradigma es un ejemplo o patrón típico de algo; puede ser cultura, familia, pensamientos o traumas.

Tu mente debe sanarse de traumas pasados y renovarse de viejos patrones de pensamiento. Un alto porcentaje de esos pensamientos habituales son negativos. Los pensamientos negativos recorren nuestra mente día tras día, envenenando la forma en que miramos la vida y cómo nos vemos a nosotros mismos. Si cada día tenemos pensamientos positivos más y más, entonces empezamos a sentirnos más positivos en la vida. Cuando nuestros pensamientos son negativos o positivos es lo que nos impulsa hacia nuestras acciones y sentimientos. Depende de nosotros lo que alimentemos a nuestra mente.

El enemigo utilizará los mismos pensamientos negativos que salen a la superficie y los reproducirá como una grabadora, repetidamente en tu mente. Antes de que te des cuenta, empiezas a creer esas mentiras; y lo que empiezas a creer en tu mente es en quién te conviertes. Si permites que esa mentira negativa se marine el tiempo suficiente, habitará en tu corazón y comenzarás a actuar en consecuencia a través de tus acciones.

La mente es un patio de recreo que el enemigo utiliza para atormentarte. Si no has leído *Battlefield of the Mind* de Joyce Meyers, te lo recomiendo encarecidamente. Esto arrojará algo de luz y te dará más claridad sobre las batallas que enfrentas en tu mente y por qué.

Aprenderás a capturar pensamientos y mantenerlos cautivos.

1. **¿Qué pensamientos negativos rondan constantemente por tu mente?**
2. **¿Cómo te ha hecho esto avanzar en tus acciones?**

Tan pronto como el enemigo plante una semilla de engaño, debes reprenderlo. Tu mente ha estado llena de tantas cosas desde el momento en que naciste. Ha acumulado tantas mentiras, confusión y distracciones a lo largo de tu vida. ¿Te imaginas lo desordenada que está tu mente? Por eso es tan importante ordenar y renovar tu mente todos los días. Ya no debes repetir pensamientos en tu mente cuando invitas a Cristo a entrar y le pides que la renueve. Tus viejas formas de pensar deberían ser reemplazadas por una nueva forma de pensar.

Aquí hay algunas maneras en que puedes comenzar a renovar tu mente con la mente de Cristo:

Tener la mente de Cristo significa que miramos la vida desde el punto de vista de Dios. Sus pensamientos no son como piensa el mundo. Sus valores y los deseos que tiene en mente hacia nosotros son totalmente diferentes a los nuestros. Su perspectiva de humildad, compasión y dependencia. Quiere que tengamos lo mismo.

Podemos poner las manos sobre nuestra mente y orar, pidiéndole a Dios que una nuestra mente a la mente de Cristo. Necesitamos pedirle a Dios que renueve nuestra mente diariamente. No tenemos que esperar a que alguien ore por tu mente, puedes hacerlo tú mismo. Dios te ha dado el poder y la autoridad para tomar cautivos a tus pensamientos. Pídele a Dios que dé a tu mente paz y descanso y una mente sana.

1 Corintios 2:10-12 – Pero fue a nosotros a quienes Dios reveló estas cosas por Su Espíritu. Porque su Espíritu lo escudriña todo y nos muestra los secretos profundos de Dios. Nadie puede conocer los pensamientos de una persona excepto el propio espíritu de esa persona, y nadie puede conocer los pensamientos de Dios excepto el propio Espíritu de Dios. Y hemos recibido el Espíritu de Dios (no el espíritu del mundo), para que podamos conocer las cosas maravillosas que Dios nos ha dado gratuitamente.

Romanos 12:2 - No copies el comportamiento y las costumbres de este mundo, sino permite que Dios te transforme en una nueva persona cambiando tu forma de pensar. Entonces aprenderás a conocer la voluntad de Dios para ti, que es buena, agradable y perfecta.

Filipenses 2:5 - Deberás tener la misma actitud que tuvo Cristo Jesús.

2 Timoteo 1:7 - Porque Dios no nos ha dado espíritu de temor y de timidez, sino de poder, de amor y de dominio propio.

Efesios 4:23-24 - Más bien, deja que el Espíritu renueve tus pensamientos y actitudes. Vístete de tu nueva naturaleza, creada para ser como Dios: verdaderamente justa y santa.

Ora sobre tu mente y comienza a declarar la palabra de Dios sobre tu mente. Empecemos a romper con estos patrones y viejas formas de pensar.

ORA: Padre, ato mi mente a Tu mente; deja que todo pensamiento que no provenga de Ti quede cautivo. Arranca, rompe y ata toda vieja forma de pensar y renueva mi mente. Que mi mente sea transformada a Tus caminos. Por favor dame una mente de paz, descanso y salud en el nombre de Jesús, Amén.

La parte más importante de este viaje que has emprendido hacia tu sanación y liberación es continuar caminando en tu libertad. La manera de lograrlo es permaneciendo en la palabra de Dios, orando y teniendo tiempo íntimo con Él. A medida que lo hagas, el Señor seguirá mostrándote más quebrantamientos, heridas y emociones ocultas que no han sido atendidas. Siempre es un proceso; algo de curación no llega de la noche a la mañana. A medida que Dios te revele más, colócalo en el trono y deja que la sanación y la liberación continúen ocurriendo. Esfuérzate por alcanzar tu libertad y plenitud.

La próxima vez que el enemigo intente decirte una mentira, recordarte tu pasado o decirte que nunca fuiste sano y liberado, anímate por lo que Dios dijo en Su palabra.

Juan 8:36 - Así que, si el Hijo te libera, eres verdaderamente libre.

_____

_____

Por favor, completa el capítulo diez de tu cuaderno de ejercicios

www.ingramcontent.com/pod-product-compliance
Lightning Source LLC
Chambersburg PA
CBHW070450130626
46553CB00006B/2338